Emosyon Mwen Yo

Kontan

Yon Liv Crabtree Rasin

AMY CULLIFORD
JEAN-PIERRE GASTON

CRABTREE
Publishing Company
www.crabtreebooks.com

Sipò Lekòl A Kay Pou Moun Kap Bay Swen Ak Pwofesè Yo

Liv sa ede timoun yo grandi lespri yo nan kite yo pratike lekti. Men kèk kesyon kap ede lektè a bati konpreyansyon konpetans yo. Epons posib yo parèt an wouj.

Anvan Lekti:

- De kisa mwen panse liv sa ap pale?
    - *Liv sa se sou lè ou santi ou kontan.*
    - *Liv sa se sou kisa santi kontan a sanble oswa tankou kijan li fè ou santi.*

- Kisa mwen vle aprann sou sijè sa?
    - *Mwen vle aprann kisa ki fè mwen santi mwen kontan.*
    - *Mwen vle aprann ki jan santi kontan sanble.*

Pandan Lekti:

- Mwen mande poukisa...
    - *Mwen mande poukisa nou souri lè nou kontan.*
    - *Mwen mande poukisa nou sote lè nou kontan.*

- Kisa mwen te aprann jiskaprezan?
    - *Mwen te aprann ke jwe fè mwen santi kontan.*
    - *Mwen te aprann ke moun ri lè yo kontan.*

Aprè Lekti:

- Ki detay mwen te aprann sou sijè sa?
    - *Mwen te aprann ke gen anpil bagay ki ka fè moun kontan.*
    - *Mwen te aprann ke gen plizyè fason ou ka sanble lè ou santi ou kontan.*

- Li liv la ankò epi chèche mo vokabilè yo.
    - *Mwen wè mo* ***anbrase*** *nan paj 4 ak mo* ***zanmi*** *nan paj 8. Lòt mo vokabilè yo jwenn nan paj 14.*

Kisa ki fè
mwen **kontan**?

Anbrase fè mwen kontan.

Mwen **souri** lè mwen kontan.

Jwe avèk **zanmi** fè mwen kontan.

Mwen **ri** lè
mwen kontan.

Ede moun fè mwen kontan.

Mwen sote lè
mwen kontan.

Kisa ki fè
ou kontan?

Lis Pawòl

Mo timoun rekonèt lè yo fèk kòmanse li

avèk	moun	sote
fè	mwen	
kisa	ou	

Mo pouw Konnen

anbrase

kontan

ri

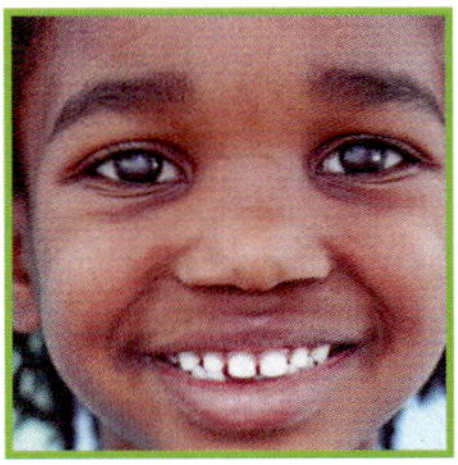

souri

zanmi

40 Mo

Kisa ki fè mwen **kontan**?

Anbrase fè mwen kontan.

Mwen **souri** lè mwen kontan.

Jwe avèk **zanmi** fè mwen kontan.

Mwen **ri** lè mwen kontan.

Ede moun fè mwen kontan.

Mwen sote lè mwen kontan.

Kisa ki fè ou kontan?

Emosyon Mwen Yo

KONTAN

CRABTREE Publishing Company

Ekri pa: Amy Culliford
Ki fèt pa: Rhea Wallace
Devlopman Seri a pa: James Earley
Korektè: Ellen Rodger
Konsiltan Edikasyon: Christina Lemke M.Ed.
Tradui pa: Jean-Pierre Gaston

Photographs:
Shutterstock: Juan Pablo Gonzaález: cover; Sergey Novikov: p. 1; Ami Parikh: p. 3, 14; pixelheadphoto: p. 5, 14; wavebreakmedia: p. 7, 14; ESBProfessional: p. 8, 14; TinnaPong: p. 9, 14; Africa Studio: p. 11; Monkey Business Images: p. 12; alexei_tm: p. 13

Crabtree Publishing Company

www.crabtreebooks.com 1-800-387-7650

Published in the United States
Crabtree Publishing
347 Fifth Avenue
Suite 1402-145
New York, NY, 10016

Published in Canada
Crabtree Publishing
616 Welland Ave.
St. Catharines, Ontario
L2M 5V6

Printed in Canada/102021/CPC